Jo Pestum · Fred Ruillier

Fußballgeschichten

Dieses Buch gehört:

Jo Pestum

Fußballgeschichten

Mit Bildern
von Fred Ruillier

Ravensburger Buchverlag

Die Deutsche Bibliothek – CIP-Einheitsaufnahme

Fußballgeschichten / Jo Pestum.
Mit Bildern von Fred Ruillier. –
Ravensburg: Ravensburger Buchverl., 1999
(Mein Wunschbuch)
ISBN 3-473-34503-2

**Die Schreibweise entspricht den Regeln
der neuen Rechtschreibung.**

1 2 3 4   02 01 00 99

Mein Wunschbuch
© 1998 Ravensburger Buchverlag
Umschlagkonzeption: Ekkehard Drechsel
Umschlagbild: Fred Ruillier
Redaktion: Denise Vöhringer
Printed in Jtaly
ISBN 3-473-34503-2

Inhalt

Der nigelnagelneue Ball —————— 7
Das schönste Tor der Kicker-Kids ——— 17
Wo bleibt denn bloß der Dribbelkönig? — 25
Der Torwart mit der großen Mütze ——— 33
Das Regenspiel beim Schullandheim — 46
Oliver im Fußballglück ——————— 52

Der nigelnagelneue Ball

Sie waren eine starke Fußballmannschaft, die Kinder aus der Bahnhofstraße. Gegen mindestens zehn andere Straßenmannschaften hatten sie schon gewonnen. Klar, ein paar Niederlagen mussten sie auch einstecken, aber das machte ihnen nichts aus. Hauptsache, sie hatten gut gespielt! Und sie hielten immer fest zusammen, wie sich das für eine Mannschaft gehört.
Aber da gab es ein Problem. Jhr Ball war nicht besonders gut! Der sah zwar aus wie ein richtiger Fußball, aber er war aus Plastik und ein bisschen

zu leicht. Bei wuchtigen Fernschüssen eierte er ziemlich durch die Luft, und ganz genaue Flanken konnte man mit diesem Ball auch nicht schlagen. An einem Freitagnachmittag, als sich die Fußballspielerinnen und Fußballspieler bei Kalles Pommesbude trafen, um zusammen zum Bolzplatz zu laufen, geschah etwas ganz Außergewöhnliches. Da kam Bastian nämlich daherstolziert und hatte einen richtig echten Fußball unter dem Arm! Es war eindeutig ein nigelnagelneuer Fußball.

„Mööönsch!", schrie Mia und sprang aufgeregt in die Höhe. „Mööönsch, Bastian, wo hast du denn den super Ball her?"
Bastian ließ sich erst einmal von der gesamten Mannschaft bestaunen und grinste überlegen. Dann sagte er: „Den hat sich mein großer Bruder gestern gekauft, diesen klasse Ball. Und ich hab ihn einfach heimlich stibitzt. Was sagt ihr jetzt?"
„Cool!", flüsterte Gereon unheimlich beeindruckt. „Du bist der Größte! Los, nix wie ab zum Bolzplatz! Den probieren wir jetzt aus, den super Ball."
Kerstin guckte so, als hätte sie Bauchschmerzen. „Und was ist, wenn dein Bruder das merkt, dass wir mit seinem neuen Ball gekickt haben? Warum hast du ihn nicht einfach gefragt?"
Bastian warf den neuen Ball in die Luft und ließ ihn dann auf seinem Kopf tanzen. „Ging doch nicht! Der Michael kommt erst spät von der Arbeit. Außerdem merkt er nichts. Wir müssen bloß aufpassen, dass dem Ball nichts passiert. Und nach dem Training polier ich ihn. Mit Schuhcreme und so. Das kriege ich schon hin."

„Jch helf dir natürlich", versprach Orlando.
Und so rannten die Kinder mit dem neuen Ball los,
dem Stadtpark zu, wo sie ihren Bolzplatz hatten.
Gereon rief: „Hopp, spiel mal ab zu mir!"
Bastian legte dem Gereon eine Maßflanke direkt
in den Lauf. Gereon passte den Ball sofort an
Barbara weiter. Die dribbelte ein paar Schritte
und lupfte den Ball zu Horsti, der nahm ihn mit
der Stirn auf und köpfte ihn zurück zu Longus,
und dabei wäre der um ein Haar gegen einen
Laternenmast geprallt, weil er nicht nach vorn
schaute. Longus führte seinen Hackentrick vor.

„He, warum schießt ihr nicht mal zu mir?", rief
Pittermann. Eigentlich hieß er Peter. Er war viel
jünger und viel kleiner als die anderen, aber er
wollte unbedingt zur Mannschaft gehören.
Meist ließen die anderen Kinder ihn aber nicht
mitspielen. Sie behaupteten: „Du bist noch viel zu
winzig!" Oder: „Dich rennen wir doch bloß um
beim Spielen, und dann heulst du." Oder: „Du bist
doch 'ne Flasche, du weißt doch überhaupt nicht,
wie Fußball geht."
Auch heute lief er eifrig hinter den anderen her. Die
bogen nun in den Tulpenweg ein. Zum Bolzplatz

war es nicht mehr weit. Links und rechts lagen Einfamilienhäuschen mit Vorgärten davor.
„Orlando, einen Steilpass zu mir!", brüllte Longus.
Orlando knallte den Ball einfach nach vorn.
Longus spurtete hinterher. Vielleicht sollte es eine Art Fallrückzieher werden, jedenfalls erwischte Longus den Ball nur noch mit der Fußspitze, und dann – dann segelte der Ball in hohem Bogen über den Zaun in einen Vorgarten hinein. Jm Gras blieb er liegen.
Aber da lag auch ein großer Hund!

Es war eine Riesendogge mit Löwenzähnen.
Sofort machte der Hund sich über den schönen
Ball her, stupste ihn mit der Schnauze, trieb ihn mit
den großen Pfoten durch das Blumenbeet, legte
sich hin und hatte den Ball genau vor seinem Maul.
Er hechelte zufrieden und schaute die Kinder
beinahe lächelnd an, als wollte er sagen: Den Ball
kriegt ihr nie zurück, der gehört jetzt mir!
Bastian stieß einen schrecklichen Schrei aus.
„Mein Bruder reißt mir die Ohren ab! Hilfe! Was
machen wir jetzt?"
Mia versuchte zu trösten. „Auffressen kann er den
Ball jedenfalls nicht. Dafür ist der viel zu groß."
„Aber zerkratzen kann er ihn!", kreischte Bastian.
„Und zernagen! He, du blöder Hund, gib den Ball
wieder her!"
Das tat die Riesendogge natürlich nicht. Sie ließ
Gesabber auf den Ball tropfen.
Kerstin hatte eine Jdee. Sie lief zur Haustür und
klingelte Sturm, aber leider machte niemand auf.
Doch da hatte Pittermann seinen großen Auftritt!
Er zog eine zerknautschte Rolle mit Schokokeksen

aus der Hosentasche und hielt sie so über den Zaun, dass der Hund den Geruch schnuppern konnte. „Komm, Hundchen! Lecker, lecker! Feine Kekse für das liebe Hundchen! Komm, komm!" Und was machte der riesengroße Hund? Der vergaß den Ball! Er hüpfte vor Freude jaulend in die Höhe und trabte bettelnd neben Pittermann her. Pittermann steckte der Dogge einen Schokokeks nach dem anderen zu und lockte sie immer weiter weg von dem nigelnagelneuen Ball.
„Bravo, Pittermann!", rief Barbara. „Tolle Jdee!"
Mia war lang und dünn und leicht. Sie reckte sich weit über den Zaun, Horsti und Gereon hielten sie an den Beinen fest. Mia sagte mit bibbernder Stimme: „Zieht mich bloß ruck, zuck zurück, wenn der Hund kommt!" Sie reckte und streckte sich und fischte nach dem Ball – und dann endlich hatte sie ihn! „Uff!"
War das ein Gejubel! Der riesengroße Hund bellte dazu und schnappte sich dann den letzten Schokokeks, den Pittermann ihm zuwarf. Die Kinder liefen weiter zum Bolzplatz und Longus

verkündete gönnerhaft: „Pittermann darf mitspielen."

So viel Spaß hatten sie schon lange nicht mehr gehabt bei ihrem Training. Was für ein Ball! Ja, mit dem konnte man wunderbare Vorlagen in den Strafraum geben, mit dem konnte man erstklassige Doppelpässe üben, mit dem konnte man aufs Tor ballern, dass dem Torwart Horsti schon bald die Fingerspitzen höllisch wehtaten. Da löste Bastian ihn ab. Er hechtete und faustete und drehte den Ball um den Torpfosten und war so froh, dass der Hund den Ball nicht aufgefressen hatte.

Zum Schluss des Trainings machten sie wie immer ein Spiel auf dem kleinen Bolzplatz. Vier gegen vier. Horsti, Mia, Orlando und Kerstin auf der einen Seite. Longus, Barbara, Gereon und Bastian auf der anderen. Sie schossen so viele Tore, dass sie sie gar nicht mehr zählten, und waren glücklich.

Und Pittermann? Der spielte mal bei der einen Mannschaft mit und mal bei der anderen. Er war gar nicht so schlecht und schaffte sogar ein Kopfballtor.

Bastians Bruder hat übrigens doch etwas gemerkt, aber er hat nur ein bisschen geschimpft und gesagt: „Nächstens fragst du mich, wenn du dir meinen Ball ausleihen willst!"

Das schönste Tor der Kicker-Kids

Jn der Vorstadtsiedlung wurden sie von allen Leuten nur die „Kicker-Kids" genannt. Jeder kannte sie! Und wenn sie mit ihrem Fußball durch die Straßen liefen, rief man ihnen zu: „Viel Glück beim nächsten Spiel!"
Die Kicker-Kids, das waren Luggi, Tom, Orhun, Johannes, Fips Walter und Steffen. Den Luggi hatten die Kicker-Kids zu ihrem Mannschaftskapitän gewählt. Er war der Schnellste von allen und spielte in der Mannschaft so etwas wie den Libero. Wenn es nötig war, zog er sich ins Verteidigungszentrum zurück und deckte die gegnerische Sturmspitze. Aber er hatte auch Kondition genug, um mit aufzurücken und die Stürmer Orhun und Fips Walter mit Steilpässen in gute Schusspositionen zu bringen.
Tom und Johannes waren knallharte Verteidiger, sausten aber manchmal auch an der Außenlinie nach vorn und bedienten die Angriffsspieler mit genauen Maßflanken. Außerdem war ständiger

Positionswechsel bei den Kicker-Kids eine eingespielte Taktik. So verwirrte man die Gegner! Torwart Steffen trug als Erkennungszeichen immer einen giftgrünen Pullover. Seine Torwarthandschuhe waren gelb, die gehörten eigentlich seinem Vater, und der war Tankwart. Wenn die Kicker-Kids gegen die Sonne spielen mussten, setzte Steffen sich eine knallrote Mütze auf. Wirklich, Steffen war ein sehr bunter Torwart, vor allem aber war er ein Meister seines Fachs. Stark auf der Linie, geschickt beim Rauslaufen, sprungstark bei hohen Bällen.

Jn der kleinen Stadt gab es in jedem Wohnviertel eine Kindermannschaft. Regelmäßig trugen die Teams Fußballspiele gegeneinander aus, und immer ging es spannend zu. Gespielt wurde auf dem Sportplatz hinter der Kirche mit dem Zwiebelturm. Rote Asche, ein hoher Maschendrahtzaun drumrum, die Aluminiumtore ungefähr so groß wie Handballtore.

Und weil dieser Platz nur ein wenig größer war als ein Hallenfußballfeld, hatten sich alle Mannschaften so geeinigt: Jedes Team spielte mit einem Torwart und fünf Feldspielern.

Fast alle Kindermannschaften wechselten während der Spiele regelmäßig aus, damit immer wieder frische Fußballer ins Spielgeschehen eingreifen konnten. Nur die Kicker-Kids aus der Vorstadt, die spielten vom Anpfiff bis zum Schlusspfiff mit der gleichen Truppe.

Libero Luggi hatte erklärt: „Unsere Mannschaft besteht aus sechs Spielern und wir sind stark genug, von vorn bis hinten durchzuspielen. Nur schlappe Würstchen müssen dauernd ausgewechselt werden."

Dass die Kicker-Kids wirklich eine starke Truppe waren, hatten sie oft genug bewiesen! Wer bei einem Foul oder bei einem Sturz etwas abbekam, der biss einfach die Zähne zusammen.

An einem sonnigen Samstag trugen die Kicker-Kids ein Spiel gegen die Mannschaft vom Marktplatz aus, und da erzielten sie ihr schönstes Tor. Es war ein super Tor! Und das kam so:

Die Marktplatzmannschaft machte mächtig Dampf. Angriff auf Angriff rollte auf das Tor der Kicker-Kids. Die Verteidiger Johannes und Tom kamen mächtig ins Schwitzen. Jmmer wieder mussten die Angreifer Orhun und Fips Walter hinten aushelfen. Luggi versuchte, Ruhe in die Abwehr zu bekommen, doch die Spieler vom Marktplatz waren pfeilschnell. Sie tricksten und dribbelten, brachten ihre Stürmer mit herrlichen Steilpässen in Schussposition und waren besonders bei hohen Flanken gefährlich.

Nach einem Eckstoß konnte Torwart Steffen den Ball nur noch mit letzter Kraft aus dem Winkel fischen. „Lauft euch frei!", schrie er.

Dann schleuderte er den Ball zu Verteidiger Tom. Der köpfte wuchtig zur linken Seite hinüber, wo Johannes sich von seinem Gegenspieler gelöst hatte. Johannes stieg hoch und verlängerte – ebenfalls mit dem Kopf – zu Luggi. Luggi, der rasend schnell ins Mittelfeld gestürmt war, nahm den Ball geschickt wie ein Profi mit der Stirn an. Er sah Orhun am rechten Flügel rennen und köpfte ihm den Ball wie eine Steilvorlage zu. Eigentlich hätte Orhun den Ball auftippen lassen müssen, um ihn dann mit dem Außenrist als Dropkick auf das gegnerische Tor zu donnern. Aber dieses Mal machte Orhun es ganz anders!

Luggis Vorlage senkte sich. Da schnellte Orhun im Hechtsprung vorwärts. Mit einem gezielten Kopfstoß leitete er den Ball, der sich schon senkte, mit voller Kraft in den Strafraum weiter. Und dort stand Fips Walter in Lauerstellung! Zwar wurde er von zwei Deckungsspielern der Marktplatzmannschaft bedrängt, aber er setzte seine geballte Sprungkraft ein. Jetzt oder nie! Und er sprang höher als alle anderen. Der gegnerische Torwart stürzte sich ihm

entgegen, doch er griff ins Leere. Zentimetergenau zirkelte Fips Walter den Ball mit der Stirn in den linken oberen Winkel. Es schepperte im Aluminiumdreieck, der Ball zappelte im Netz!

„Tor! Tor! Tor!", brüllten die Kicker-Kids und waren ganz verrückt vor Freude. Sie fielen sich in die Arme und wälzten sich am Boden. Man konnte gar nicht erkennen, zu wem welches Bein oder welcher Arm gehörte.
Und dann wurde es allen klar: Von Steffens Abwurf bis zu Fips Walters wunderbarem Kopfballtor hatte der Ball nicht ein einziges Mal den Boden berührt. Das tollste Tor der Kicker-Kids!

Wo bleibt denn bloß der Dribbelkönig?

Auf den Uferwiesen am großen Fluss konnten die Kinder prima Fußball spielen. Mit Stöcken steckten sie Spielfelder ab. Sie nahmen einfach Jacken oder Käppis oder Schultaschen als Torpfosten. Jeder, der Lust hatte, durfte mitspielen. Die beiden Besten wählten sich dann ihre Mannschaften. Wer bei Schere-Brunnen-Papier gewann, durfte mit dem Wählen anfangen.

An sonnigen Tagen und am Wochenende kamen natürlich viele Fußballbegeisterte. Oft spielten sogar ein paar Väter oder die älteren Geschwister mit. Jens und Simon und Maria und noch einige von der ganz harten Sorte kickten sogar, wenn es Bindfäden regnete.

An diesem Nachmittag waren genau dreizehn Kinder gekommen.

„Das ist 'ne ungrade Zahl", meinte Torsten, „aber lasst uns trotzdem endlich anfangen! Mir juckt es schon richtig in den Füßen. Jch schätze, ich bin erstklassig in Form."

Jens sagte: „Ein paar Minütchen können wir ja wohl noch warten. Der Mustafa kommt ganz bestimmt noch."

„Meinetwegen", erklärte Torsten und schaute
auf seine Uhr. „Drei Minuten und keine Sekunde
länger. Wir können schon mal so 'n bisschen
Strafstoßschießen üben. Jch stell mich in den
Kasten. Wer fängt an?"
Heike, Markus und Malte versuchten es als Erste.
Es war gar nicht so leicht, dem Torsten den
Ball ins Tor zu knallen, der war nämlich ein guter
Torwart. Sie spielten meist mit einem roten
Gummiball, der tippte auf dem Gras am besten.

Jens dachte: Wo Mustafa bloß bleibt? Er hat doch gestern gesagt, dass er ganz bestimmt kommt. Jens spielte gern mit Mustafa Fußball. Als Mannschaftskamerad oder als Gegner: Mustafa war witzig und lustig und außerdem ein unheimlich geschickter Dribbler. Er führte den Ball wie kein anderer und guckte dabei nicht immer auf seine Füße, sondern hatte den Blick frei für die Mitspieler. Und wie schnell er rennen konnte!

Allerdings war er manchmal auch allzu verliebt in den Ball und versuchte die ganze gegnerische Mannschaft auszuspielen, statt den Ball rechtzeitig abzugeben. Den großen Gunther, der richtig im Verein spielte, hatte er sogar schon einmal getunnelt. War der Gunther vielleicht sauer gewesen, als Mustafa ihm den Ball zwischen den Beinen durchgeschoben hatte!
Madeleine hatte einmal behauptet: „Der Mustafa ist unser Dribbelkönig. Eines Tages spielt der sich noch mal selber Knoten in die Beine!"
Wenn jemand rief: „He, du alter Rumfummler, bist du etwa allein auf dem Platz?", dann lachte Mustafa verlegen und schlenzte schnell den Ball einem Mitspieler zu.

Dribbelkönig! Solch ein Wort hörte Mustafa natürlich gern. Er meinte sogar: „Jch bin der Fußballweltmeister aus Afghanistan!" Doch dazu zwinkerte er mit den Augen.
Ja, Mustafa stammte aus Afghanistan. Mit den Eltern und den Geschwistern war er gekommen. Er hatte gesagt: „Jm Land Afghanistan ist ein schrecklicher Krieg. Wir wollen jetzt hier leben, hier kann ich in die Schule gehen und etwas lernen. Vielleicht bekommt mein Vater endlich eine Arbeit. Hoffentlich gibt man uns eine Aufenthaltserlaubnis!"
Die Sache mit der Aufenthaltserlaubnis hatte Jens nicht so richtig verstanden. Warum sollte Mustafa nicht hier leben, wenn in seinem Heimatland doch Krieg herrschte?
Und nun hockte Jens hier auf der Uferwiese und wartete und wartete, und Mustafa kam und kam nicht!
Torsten rief: „Die drei Minuten sind um! Jetzt wird nicht mehr länger auf Mustafa gewartet. Los, wir wählen Mannschaften! Hanna und ich, wir sind die Torhüter. Wir machen Schere-Brunnen-Papier."

Da kam Jenny mit ihrem Dackel an der Leine von der Straße her geschlendert. Jenny ging in die gleiche Schulklasse wie Mustafa.
Jens fragte: „Jenny, weißt du, warum der Mustafa nicht kommt?"

Jenny nickte und machte ein trauriges Gesicht.
„Jn der Schule war der Mustafa heute auch nicht. Unsere Lehrerin hat gesagt, Mustafa und seine Familie dürfen nicht mehr in unserer Stadt wohnen. Ob sie in eine andere Stadt umziehen müssen oder ob sie nach Afghanistan abgeschoben werden, das weiß Frau Lehmkühler aber nicht. Unsere ganze Klasse ist stinksauer und ganz traurig. Der Rektor hat gesagt, man kann gar nichts machen."

Jens saß da wie gelähmt. Als hätte er einen Schlag vor den Kopf gekriegt, solch ein taubes Gefühl war das. Er dachte: Abgeschoben! Was für ein hässliches Wort! Darf man denn Menschen einfach wegschicken? Haben die kein Recht, dort zu wohnen, wo sie gern leben möchten? Und ist Mustafa nicht längst einer von uns? Jens dachte auch: Mustafa hat doch gesagt, in Afghanistan ist ein schrecklicher Krieg!

Jens fing an zu weinen. Er konnte gar nichts dagegen tun.

Die anderen Kinder lachten nicht. Sie wussten ja, dass Jens und Mustafa Freunde waren. Jenny gab dem Jens sogar ein Papiertaschentuch, damit er sich die Nase putzen konnte. Der Dackel kläffte aufgeregt. Er spürte wohl, dass etwas Schlimmes geschehen war.

Die Kinder wählten Mannschaften und kickten auf der Uferwiese. Aber das Spiel machte ihnen nicht so viel Freude wie sonst.

Jens ging zum Fluss und starrte ins Wasser. An diesem Tag hatte er keine Lust mehr auf Fußball.

Der Torwart mit der großen Mütze

An der Astrid-Lindgren-Schule war es immer so gewesen, dass Jungen und Mädchen miteinander Fußball spielten. Da gab es nicht getrennte Jungenmannschaften und Mädchenmannschaften. Das änderte sich aber ganz plötzlich, als eines Tages ein junger Sportlehrer an die Schule kam. Er war schwarzhaarig und schlank, und Jutta behauptete, er sehe aus wie ein Filmschauspieler. Und als er dann neue Arbeitsgemeinschaften gründete, wollten auf einmal alle Mädchen in seiner AG Volleyball oder in seiner AG Basketball mitmachen. Sie sagten, die Jungen seien sowieso viel zu roh beim Fußball.

Den meisten Jungen war das recht so. Und sie grinsten und machten blöde Bemerkungen, denn sie wussten: Das hatte nichts mit der Rohheit beim Fußballspielen zu tun, dass die Mädchen nicht mehr kicken wollten. Das lag am neuen Sportlehrer.

An einem Mittwoch kam ein Brief von der Erich-Kästner-Schule. Darin stand: Wir, die vierte Jahrgangsstufe, fordern euch Astrid-Lindgren-Schüler zu einem Fußballspiel heraus. Traut ihr euch? Wir warten auf eure Antwort!
Das gab natürlich ein Riesenwutgebrüll, als der Rektor in der großen Pause auf dem Schulhof diesen Brief vorlas. Was bildeten sich die Knilche von der Erich-Kästner-Schule bloß ein? Sollte das vielleicht eine Beleidigung sein?

„Und ob wir uns trauen!", schrie Benjamin.
„Die armen Würstchen machen wir doch platt!",
kreischte Martin. „Zehn zu null schruppen wir die.
Aber mindestens!"
Selbstverständlich wurde sofort ein Antwortbrief
geschrieben. Und ein Tag für das Match wurde
auch gleich vorgeschlagen.
Die Jungen baten allerdings ein Mädchen, die
Susanne nämlich, diesen Brief zu schreiben, weil
sie die schönste Schrift hatte.
Jn dem Brief stand: Und ob wir uns trauen! Wir
sind unschlagbar!

An einem Freitagmorgen wurde das Spiel ausgetragen. Um zehn Uhr. Die Schülerinnen und Schüler beider Grundschulen bekamen nach der großen Pause frei, damit sie zuschauen konnten. Vor allem sollten sie ihre Mannschaft anfeuern. Astrid-Lindgren-Schule gegen Erich-Kästner-Schule: Das war spannend!

Es war abgemacht worden, dass die Spieler der Astrid-Lindgren-Schule dunkle T-Shirts oder Pullis oder Hemden tragen sollten: schwarz, blau, grün. Die Gegner von der Erich-Kästner-Schule wollten in heller Spielkleidung antreten: weiß, gelb, orange. Denn der Schiedsrichter musste ja die Teams auseinander halten können. Studienrat Steinhauser vom Gymnasium sollte das Spiel pfeifen, denn ein Neutraler musste es sein. Er brachte zwei ältere Schüler als Schiedsrichterassistenten mit.

Und dann! Rund um den Platz vom Fußballklub Sportfreunde 07 johlten und tobten die Zuschauer. Klar, außer den Schülerinnen und Schülern waren auch viele Eltern und viele Lehrerinnen und Lehrer gekommen. Es gab sogar eine Pommesbude.

Alexander fieberte vor Aufregung. Er war für das Mittelfeld der Astrid-Lindgren-Kicker aufgestellt worden.

Eigentlich spielte er lieber im Sturm, doch weil er eine Brille trug, musste er bei Kopfbällen vorsichtig sein.

Der Schiedsrichter gab das Zeichen. Die Mannschaften liefen nebeneinander aufs Spielfeld, vorneweg die beiden Spielführer. Die Zuschauer klatschten und schrien, dass es wehtat in den Ohren.

Die Spieler der Erich-Kästner-Schule schmetterten ihren Kampfruf.

„Zicke-zacke-Hühnerkacke! Rar-rar-rar!
Wir gewinnen, ist doch klar!"

Und die Spieler der Astrid-Lindgren-Schule antworteten:

„Eins-zwei-drei-vier! Wir sind toll!
Der Gegner hat die Hose voll!"

Dann rief der Schiedsrichter die beiden Mannschaftskapitäne zur Platzwahl. Rolli von der Erich-Kästner-Schule gewann und entschied, dass die

Hellen seines Teams mit der Sonne im Rücken spielen würden. Also hatten die Dunklen von der Astrid-Lindgren-Schule Anstoß.
Alexander rief dem Simon, der in seiner Mannschaft im Tor stand, lachend zu: „Guck dir mal den Torwart von den anderen an! So ein Spinner! Hat 'ne riesige Mütze auf, obwohl er jetzt gar nicht die Sonne ins Gesicht kriegt. Reine Angeberei!"
„Genau!" Simon streifte sich die Torwarthandschuhe über. „Haut ihm anständig die Bude voll, dann vergeht ihm die Show."

Wirklich, der Keeper von den Erich-Kästner-Kickern trug eine enorm große Ledermütze, die war für seinen schmalen Kopf eigentlich viel zu groß. Alexander fand, dass der Torhüter der Hellen etwas komisch aussah. Er war ziemlich lang und ganz dünn. Alexander dachte: Den pusten wir einfach um!
Aber da irrte er sich gewaltig.
Das Spiel begann reichlich zerfahren. Fast alle Spieler waren aufgeregt und voll Übereifer. Großes Gedrängel, wo gerade der Ball war. Gute Spielzüge kamen kaum zustande. Niemand lief sich frei und bot sich an. Beide Mannschaften versuchten nur durch die Mitte, den Ball in den gegnerischen Strafraum zu schießen. Meist waren es auch keine durchdachten Spielzüge, meist war es nur ein Gedresche.
„Über die Außenstürmer! Über die Außenstürmer!", so riefen beide Trainer immer wieder. „Zieht das Spiel auseinander!"
Erst allmählich kam Ordnung in das Spielgeschehen. Doppelpässe, Flankenläufe,

Steilvorlagen. Alexander rackerte im Mittelfeld und brachte seine Stürmer wieder und wieder in gute Schusspositionen.

Er dachte: Ha, wir sind besser als die Hellen!
Das stimmte. Die Spieler mit den dunklen Trikots
wurden mehr und mehr feldüberlegen. Kopfbälle
zischten auf das Tor der Hellen. Harry zielte
genau. Sein angeschnittener Kracher wäre
eigentlich halbhoch dicht neben dem rechten
Pfosten eingeschlagen. Aber er schlug nicht ein.
Und das lag an dem Torwart mit der großen
Mütze! Der fischte sich hohe Eckbälle ganz locker
aus der Luft, war bei Aufsetzern blitzschnell am
Boden und drehte selbst Harrys Wuchtschüsse

elegant um den Pfosten. Mutig hechtete er den Angreifern der Astrid-Lindgren-Schule entgegen und fing oder faustete den Ball, bevor die Dunklen ihn richtig annehmen konnten.

Simon stöhnte: „Jrre gut, der Torwart von den Hellen!"

Zur Halbzeitpause stand es noch immer null zu null.

Die Überlegenheit der Dunklen hielt an. Nur einen einzigen gefährlichen Angriff der Kicker von der Erich-Kästner-Schule gab es. Aber da schnappte die Abseitsfalle der Dunklen zu. Die hatten sie im Training gut geübt! Der gegnerische Mittelstürmer ließ enttäuscht den Kopf hängen.

Angriff auf Angriff rollte gegen das Tor der Hellen. Doch die Dunklen konnten dribbeln und passen und schießen und köpfen, wie sie wollten: Der Torwart der Erich-Kästner-Truppe hielt alles, sogar den Abstauber von Uwe.

Alexander schaltete sich in die Angriffe ein. Er spitzelte den Ball dem mitgelaufenen Libero Spicky zu. Der ließ zwei Verteidiger der Hellen aussteigen, umspielte auch mit einer geschickten Körpertäuschung einen Spieler, der ihm die Beine wegsäbeln wollte und ihn dabei am Knie traf. Der Schiedsrichter pfiff das Foul nicht, sondern ließ Vorteil gelten. So konnte Spicky dem Harry den Ball wunderschön vorlegen. Harry zog auch mächtig ab – und dann sprang der Torwart der Hellen los und riss den Ball an sich. Alle Zuschauer klatschten Beifall.

„Vielleicht hat der Kerl einen starken Magneten unter seiner Ledermütze!", rief Fabio dem Alexander zu. „Der hält alles, was auf seinen Kasten kommt. Nicht zu fassen!"

Alexander nickte. „Es ist wie verhext."

Die Dunklen von der Astrid-Lindgren-Schule setzten zum Endspurt an, doch es nützte nichts. Plötzlich der Schiedsrichterpfiff: einmal, zweimal, dreimal. Das Spiel war zu Ende. Unentschieden und torlos. Null zu null.

Alle Spieler ließen sich ausgepumpt und schwer atmend ins Gras fallen. Geklatsche und Bravorufe und fröhliches Gepfeife von den großen und

kleinen Zuschauern. Man war sich einig: Obwohl es keine Tore gegeben hatte, war das Spiel richtig spannend gewesen. Und über den Torwart mit der großen Mütze wurde natürlich besonders geredet.
„Jedenfalls waren wir besser!", schrie Alexander in den allgemeinen Lärm hinein. Aber dann verschlug es ihm die Sprache. Was war denn das? Der Torwart der Hellen von der Erich-Kästner-Schule zog die Mütze vom Kopf – und da quollen ihm plötzlich lange braune Haare bis zu den Schultern hinunter.

„Das … Das i-i-ist ja ein Mädchen!", stotterte Libero Spicky. Die Spieler der Erich-Kästner-Schule hatten ihren Spaß. „Ja, das ist unsere Gerda! Was sagt ihr nun?"
Da stotterte auch Alexander. „D-d-donnerwetter!"

Das Regenspiel beim Schullandheim

Für die Mädchen und Jungen war das ein prächtiges Abenteuer. Wir gehen für drei Tage ins Schullandheim! Laut gejubelt hatten sie bei dieser Nachricht. Die Eltern, die Klassenlehrerin und die Kinder der 3d waren sich einig: Noch vor den Sommerferien und vor der Versetzung in die 4. Jahrgangsstufe sollte die Busfahrt in die Eifel gestartet werden. Ja, sie wünschten sich ein paar herrliche Tage im Schullandheim.
Und es wurde auch ein tolles Erlebnis. Am schönsten, das fanden alle Kinder hinterher, war das lustige Regenspiel. Und das kam so:
Am Morgen waren sie zu einer langen Wanderung durch die Wälder aufgebrochen. Sie hatten Tiere beobachtet, Blumen bestaunt und am Waldrand ein großes Picknick veranstaltet mit Wettspielen und Liedersingen.
Als dicke Tintenwolken am Himmel aufzogen, sagte Frau Hinrichs: „Liebe Leute, packt die Sachen zusammen! Bald wird es regnen."

Also liefen sie lachend und schwatzend zurück zum Schullandheim am Rand des Dorfes. Noch regnete es aber nicht.

„Was machen wir denn jetzt bis zum Mittagessen?", fragte Uta.

„Wir spielen Völkerball!", schlug die Lehrerin vor.

„Völkerball ist doof", meinte Gregor. „Jch bin für Fußball. Wer ist auch für Fußball?"

Sie stimmten also ab. Die Mehrheit war für Fußball. Und so zogen sie rasch ihr Sportzeug an und liefen zum Bachufer hinunter, denn dort gab es einen Bolzplatz, der gehörte der Dorfjugend. Es kamen auch gleich einige Kinder aus dem Dorf vorbei und fragten: „Dürfen wir mitspielen?"

„Ist doch klar!", sagte Klassensprecherin Mirjam.
„Ich bin die Schiedsrichterin!", rief Frau Hinrichs.
Nun wurden Mannschaften gewählt. Zweiundzwanzig Kinder aus der 3d und dazu acht Kinder aus dem Dorf. Himmel, jede Mannschaft hatte also fünfzehn Spielerinnen und Spieler – und das bei dem kleinen Platz! Ein richtiges Fußballspiel konnte das nicht werden, aber ein großer Jux.
Und es wurde ein großer Jux! Denn nun fing es an zu regnen. Und wie! Es goss wie aus Kübeln.
„Weiter!", kreischte Mario. „Wir spielen weiter! Wir sind doch nicht aus Zucker."
„Wollt ihr das wirklich?", frage Frau Hinrichs.
„Jaaaa!", brüllten alle begeistert.
Also spielten sie weiter. Natürlich konnte man das nicht Fußball nennen, was da geschah. Alle rannten wild und kreuz und quer hinter dem bunten Plastikball her. Ein Lärm war das! Wer gerade mal den Ball sah, trat einfach dagegen. Der hüpfte mal zu dieser Seite, mal zu jener, flog in die Höhe, wurde geköpft oder in die Luft geknallt. Und der Regen wurde immer schlimmer.

Schlimmer? Nein, das fanden die Kinder gar nicht.
Sie hatten Spaß an diesem Regenspiel. Natürlich
waren alle längst klatschnass bis auf die Haut.
Aber das machte doch nichts.
Der Platz am Bach war längst zu einer klebrigen,
matschigen Schlammpfütze geworden.
Und die Kinder?
Die sahen aus wie Schokoladenosterhasen.

„Das Runde ist der Ball!" Bettina lachte. „Die Matschkugel!"
Da pfiff Frau Hinrichs auf der Trillerpfeife.
„Schluss, liebe Leute, Schluss! Jch kann euch gar nicht mehr erkennen. Jhr seht alle aus wie Monster."
So sahen sie wirklich aus. Schnell ins Schulheim! Raus aus den Sachen und unter die Duschen! Aber dieses Matschspiel hatte Spaß gemacht.
„Heut Abend gibt's noch ein großes Würstchengrillen!", rief Frau Hinrichs. „Und alle Kinder aus dem Dorf sind eingeladen!"

Oliver im Fußballglück

Es war fast schon Abend. Oliver und seine Freunde hatten noch ein bisschen auf dem Sportplatz bei der Schule herumgekickt. Einfach nur so. Abwechselnd stellte sich einer von ihnen ins Tor, die anderen bildeten ungefähr an der Strafraumbegrenzung einen Halbkreis und übten sich im Toreschießen.

Jeder zeigte seine Spezialtricks. Moritz jonglierte wie ein Artist den Ball auf dem Kopf, ehe er ihn an Holger weitergab. Der nahm mit der Hacke an und ließ den Ball dreimal, viermal auf der Fußspitze tanzen. Dann bediente er Oliver mit einer feinen

Vorlage. Oliver täuschte mit dem rechten Fuß
einen mächtigen Kracher an. Torhüter Sebastian
schnellte in die bedrohte Ecke. Aber Oliver zog gar
nicht ab. Er kickte sich ganz leicht den Ball auf
den linken Fuß und zirkelte ihn dann haargenau
in den Winkel der anderen Torecke. Da konnte
Keeper Sebastian nur noch staunen.
Ja, Oliver war ein hervorragender Techniker. Und
solche lockeren Übungen, bei denen es nicht
um Wettkampf ging, sondern um kleine Fußball-
kunststücke – solche lockeren Übungen machten
ihm Spaß.

„Schluss für heute!", rief der Torwart und klopfte sich den Sand von der Hose. „Jch muss nach Hause, sonst krieg ich Krach."
Für die anderen Jungen wurde es auch Zeit. Oliver schnappte sich den Ball. Der gehörte zwar allen gemeinsam, doch Oliver war zum Ballaufbewahrer gewählt worden. Manchmal nahm er den Fußball sogar mit ins Bett.
„Also, bis morgen!", rief Oliver und lief, den Ball dicht am Fuß führend, zu seinem Fahrrad.
Da hockte ein Mann auf dem Mäuerchen: Hornbrille, graues Kinnbärtchen, kurzes Stoppelhaar, Lederweste. Oliver hatte gemerkt, dass dieser Mann ihnen die ganze Zeit beim Kicken zugeschaut hatte.
„Hast du mal einen Augenblick Zeit?", fragte der Mann.
Oliver ging erst einmal einen Schritt zurück. Er dachte: Jch lasse mich doch nicht von einem fremden Mann anquatschen!
Der Mann grinste freundlich. „Jch bin der Jugendtrainer von Blau-Weiß 09. Siggi Lanfermann, so

heiß ich. Und ich würde gern mal mit dir sprechen.
Mit deinen Eltern übrigens auch." Er stand von
der kleinen Mauer auf. „Wie heißt du?"
„Oliver. Oliver Riedel." Dann fragte Oliver
neugierig: „Sind Sie richtig Trainer bei 'nem
richtigen Fußballklub?"
Der Mann nickte. „Jugendtrainer. Sagte ich doch
gerade. Wie alt bist du, Oliver?"
„Zehn", sagte Oliver und klemmte den Ball auf
den Gepäckträger. „Und so 'n paar zerquetschte
Monate."

„Hör mal zu!" Siggi Lanfermann sprach jetzt ernst. „Jch hab dich beobachtet. Du bist schnell, du hast einen strammen Schuss, du hast technisch was drauf. Und nun meine Frage: Hättest du nicht vielleicht Lust, bei uns im Fußballverein mitzumachen? Jch bin immer auf der Suche nach talentierten Nachwuchsfußballern. Und du hast Talent, das kannst du mir glauben."
Oliver war rot geworden bis hinter die Ohren. „Jch … Also, ich würde gern … Mann, so richtig in einer Fußballmannschaft!" Oliver war ganz verwirrt von diesem Gedanken. Das wäre was! „Jch müsste aber erst meine Eltern fragen."

„Völlig klar", sagte Siggi Lanfermann. „Ohne die Zustimmung deiner Eltern geht das sowieso nicht. Meinst du, sie sind jetzt zu Hause? Dann könnten wir nämlich sofort mit ihnen reden."

„Die sind jetzt bestimmt zu Hause." Oliver dachte: Träume ich das nur?

Und so gingen also Oliver und der Jugendtrainer von Blau-Weiß 09 die Lilienstraße hinunter. Oliver schob sein Fahrrad und fühlte sich wie auf einer Wolke.

Die Eltern staunten nicht schlecht, als da hinter Oliver auf einmal ein fremder Mann an der Wohnungstür stand. Vater Riedel war gerade von der Arbeit nach Hause gekommen und trank sein Begrüßungsbierchen.

„Das ist der Jugendtrainer vom Fußballverein!", rief Oliver.

„Lanfermann", stellte der sich lächelnd vor.

„Jch habe Jhren talentierten Fußballspieler hier beobachtet. Solche Jungen suchen wir für unsere Jugendmannschaften. Oliver hätte schon Lust, bei uns mitzumachen. Tja, da haben die Eltern natürlich ein Wörtchen mitzureden."

Vater Riedel bat Siggi Lanfermann ins Wohnzimmer. Dort fand dann ein langes Gespräch statt. Vater Riedel machte zuerst ein säuerliches Gesicht. Er interessierte sich nämlich nicht für Fußball. Aber dann – endlich! – war er einverstanden. Oliver sprang vom Sofa auf und jubelte.

Mutter Riedel winkte aber erst einmal ab. „Und was ist mit der Schule? Hausaufgaben und so. Die Schule darf nicht darunter leiden. Schule ist wichtiger als Fußball."

Siggi Lanfermann hob beruhigend die Hand. „Das sehe ich auch so. Darum übertreiben wir es auch nicht bei unseren Jugendmannschaften. Einmal

in der Woche Training, am Samstag wird dann
gespielt. Oliver kann ja erst einmal zu einem
Probetraining kommen. Am Mittwoch um vier Uhr
auf unserem Platz. Er muss ja erst mal prüfen,
ob es ihm bei uns überhaupt gefällt."
Und dann war auch Mutter Riedel einverstanden!

An diesem Abend lag Oliver noch lange wach.
Er freute sich unheimlich auf die neuen Fußball-
kameraden, auf spannende Spiele und auf viele,
viele Tore.

Weitere Bücher aus dieser Reihe:

Peter Abraham
Tiergeschichten
ca. 64 Seiten
Format 17,5 x 24,0 cm
Gebunden
ISBN 3-473-**34501**-6
Ab 8 J.

Manfred Mai
Gruselgeschichten
ca. 64 Seiten
Format 17,5 x 24,0 cm
Gebunden
ISBN 3-473-**34502**-4
Ab 8 J.

Ingrid Uebe
Hexengeschichten
ca. 64 Seiten
Format 17,5 x 24,0 cm
Gebunden
ISBN 3-473-**34506**-7
Ab 8 J.

Ursel Scheffler
Schulgeschichten
ca. 64 Seiten
Format 17,5 x 24,0 cm
Gebunden
ISBN 3-473-**34504**-0
Ab 8 J.

Ursel Scheffler
Weltraumgeschichten
ca. 64 Seiten
Format 17,5 x 24,0 cm
Gebunden
ISBN 3-473-**34505**-9
Ab 8 J.